Mi Consagración a María

Introducción y Preparación para
la Consagración Total a la Virgen María,
según san Luis María Grignion de Montfort.

Para niños

Rege, O Maria

P. Bernardo M. Ibarra, IVE

Ilustraciones por Hna. María Jednosti, SSVM

IVE Press-2021

FAMILIA RELIGIOSA DEL VERBO ENCARNADO

Nihil Obstat

R.F. Andrés Bonello, IVE, Provincial Superior

Provincia "Nuestra Señora de Loreto"

Institute of the Incarnate Word

Cover Design

© IVE Press – 2021

Cover Art

© IVE Press – 2021

Hna. M. Jednosti, SSVM

Interior Art

© IVE Press – 2021

Hna. M. Jednosti, SSVM

Text

© Institute of the Incarnate Word

All rights reserved.

Fr. Bernardo María del Corazón de Jesús Ibarra, IVE

Manufactured in the United States of America.

IVE Press

5706 Sargent Rd.

Chilum, MD 20782

E-mail: ivepress@ive.org

http://www.ivepress.org

ISBN 978-1-947568-23-5

Library of Congress Control Number: 2021906736

PRÓLOGO

Cada uno debe "industriarse de todas las maneras posibles para insinuar en el corazón de los jóvenes una filial devoción a María Santísima"[1], decía nuestro querido san Juan Bosco. Ya que, "así como en el orden natural, todo niño debe tener un padre y una madre, del mismo modo, en el orden de la gracia, todo verdadero hijo de la Iglesia debe tener a Dios por Padre y a María por Madre"[2].

Inspirado en el amor filial a la Virgen Santísima y con la creatividad propia que hace al misionero hacerse *débil para ganar a los débiles*[3], el autor de este valioso libro nos ofrece en la presente obra "*Mi consagración a María*" un instrumento igualmente muy útil para padres, catequistas y párrocos así como para los más pequeños, con el fin de que éstos se consagren a María según el espíritu de san Luis María de Montfort.

Sus páginas magníficamente ilustradas, descubren en un lenguaje sencillo y catequético –que tan acertadamente se adecua a la mente del niño–, toda la ternura y la riqueza de la verdadera devoción a María Santísima. De modo que, así como un niño saca todo su alimento de la madre, que se lo da proporcionado a su condición, del mismo modo los niños con su lectura se irán alimentando de María, que en el decir de san Luis María, es "el Pan de los niños"[4].

---

[1] Cf. San Juan Bosco, *Regolamento dell'Oratorio di S. Francesco di Sales per gli esterni* (1877), cap. I, arts. 1 y 7.
[2] San Luis María Grignion de Montfort, *El Secreto de María*, 11.
[3] 1 Co 9,22.
[4] San Luis María Grignion de Montfort, *El Secreto de María*, 20.

Fiel al método montfortiano y sin embargo, escrita de manera breve y con importantes notas catequéticas y de piedad filial a la Madre de Dios, *"Mi consagración a María"* nos recuerda a todos que la consagración a la Santísima Virgen es el camino más fácil y más rápido para llegar a Jesús y les ofrece a los niños una forma entusiasmante de participar en esta práctica centenaria de tal manera, que en solo unos pocos días, llegarán a conocer a la Virgen como nunca antes y les permitirá tomarse de su mano para llegar a Cristo.

Asimismo, el p. Ibarra ha sabido nutrir su obra con ejemplos concretos de virtud tomados de la vida de los santos con el fin de despertar en el niño la emulación santa, según corresponde a la piedad infantil. Son prácticas de piedad cristiana – como "llevarle flores a la Virgen o ponerle una velita como un regalo" –, u oraciones breves, etc., todo lo cual contribuye a inculcar en los más pequeños una santa y verdadera devoción a la Madre de Dios.

En fin, consideramos que *"Mi consagración a María"* es una obra de gran valor devocional y religioso para los más pequeños y que si la consagración a la Virgen en materna esclavitud de amor es abrazada de todo corazón desde la infancia, ésta no solo posee una eficacia santificadora individual sin par, sino que es el *grano de mostaza*[5] del que habla el Evangelio para la instauración del Reino de Cristo.

San Juan Pablo II decía: "María, la Madre de Jesús, ha dirigido siempre, en el curso de la historia, su atención maternal a los pequeños"[6]. Confiamos entonces que la ternura y la simplicidad de la espiritualidad mariana que los niños encontrarán en la lectura de estas páginas les permitirá avanzar confiados de la mano de María hacia la patria celestial, a la que todos aspiramos, siendo éste el camino principal sobre el que debemos educar a nuestros niños y jóvenes, porque consagrarse a Ella es consagrarse al mismo Jesucristo, al cual Ella está inseparablemente unida.

P. Gustavo Nieto, IVE

---

[5] Mt 13,31; Mc 4,3.
[6] SAN JUAN PABLO II, *Carta a los niños en el Año de la Familia*, (13/12/1994).

INTRODUCCIÓN
PARA PADRES, TUTORES Y CATEQUISTAS

Este libro es para los niños y tiene entre manos un solo propósito: incrementar la devoción a la Santísima Virgen María en el alma de los niños, de tal modo que ya desde sus tiernas infancias, sean conscientes del importantísimo papel que ella tiene en sus vidas como Madre y Señora. Madre, porque ella concibe en la fe, alimenta en la esperanza y educa en la caridad. Señora, porque nos conquistó junto a su Hijo amantísimo. Todo se lo debemos a ella: *totus tuus*.

Según san Luis María Grignion de Montfort, la devoción a María es tierna *"vale decir, llena de confianza en la Santísima Virgen, como la confianza del niño en su querida madre"*. De aquí que pueda ser vivida tan particularmente por ellos, los niños, quienes, por ser pequeños, se ven más necesitados de una madre. Es, entonces, esta devoción muy adecuada para los niños. A su vez, esta devoción hace que María se vuelva *"recurso ordinario"*, dice el mismo santo, cosa que la hace aún más apta para los niños, quienes constantemente recurren a los mayores en busca de ayuda.

Esta devoción, además, penetra en el alma del niño y lo llena de visión sobrenatural. Eleva sus aspiraciones y lo encamina con paso seguro a la santidad. Santa Teresa del Niño Jesús, san Juan Bosco, san Luis Gonzaga, el Padre Pío y el mismo san Luis de Montfort han sido grandes amadores de la Virgen desde sus infancias. Asimismo, los pastorcitos de Fátima son un ejemplo acabadísimo de esta tierna devoción a María. Y como ellos, muchos otros.

San Luis María piensa seguramente en los niños cuando escribe su famoso libro *El Tratado de la Verdadera Devoción*, y no duda de que ellos pueden ser grandes amadores de María. El libro, de hecho, está dirigido *"de modo especial a los humildes y sencillos"*. Más aún, esta verdadera y nueva devoción a María depende en gran medida, para ser bien practicada, de mucha docilidad al Espíritu Santo y de no resistir a sus inspiraciones, cosa muy propia de los niños.

Este libro, entonces, quiere que los niños sean conscientes de su filiación mariana, ya que ellos pueden ser esclavos de María e imbuirse de su espíritu, para así poder hacerlo todo por ella, con ella, en ella y para ella. Y como fin más concreto, el libro los prepara para consagrarse a María en materna esclavitud de amor, según el espíritu de san Luis María.

Para ello lo hemos dividido en dos partes. La *primera* es una breve explicación sobre la devoción a María según san Luis, donde en cinco capítulos presentamos a grandes rasgos qué cosa es la devoción a María y cómo se practica, según el santo de Montfort.

La *segunda parte* es una preparación que se extiende durante doce días, en los cuales, el niño aprenderá algo nuevo sobre María, conocerá alguno de sus milagros e historias y aprenderá la vida de algunos santos, siempre concluyendo con algún propósito o tarea. De este modo se instruirá al niño sobre la verdadera devoción a María y se lo preparará debidamente para consagrarse a ella en materna esclavitud de amor.

El objetivo principal del libro es, como ya se dijo, que el niño se consagre a María. De aquí que esta segunda parte sea la más importante. La primera parte debería leerse algunos días antes de empezar la preparación para la consagración e incluso se puede releer (o hacer referencias a ella) durante la preparación misma.

Ahora bien, mantener al niño ocupado en prepararse y con el alma fija en el día de su consagración son cosas muy importantes que deben ser hechas por los padres o tutores.

Doce días puede ser un tiempo largo, así que hace falta ayudar al niño a perseverar en su preparación. De todos modos, se puede manejar el tiempo con mucha flexibilidad. Si se viese necesario aumentar los días de preparación o acortarlos, ya sea para mejor asimilar los conceptos o para no hacer la preparación tediosa, se puede obrar con toda libertad. Los *doce días* es algo más bien orientativo.

Asimismo, es muy recomendable que los niños sean guiados en la lectura del mismo, ya que a veces puede llegar a resultar difícil entenderlo completamente. Aunque se ha intentado presentar la doctrina de san Luis de la manera más simple posible, puede ser que algunas frases sean un tanto elevadas para algunos niños, dependiendo de la edad y personalidad de cada uno.

Queremos ofrecer este libro para que pueda ser utilizado por padres, tutores y catequistas en las familias, escuelas, parroquias, oratorios y misiones populares, para que los niños se preparen para la consagración a María. De tal suerte que se conformen grupos o programas para niños, donde se los introduzca en esta devoción y consagración, siguiendo lo aquí descrito.

Se recomienda que la Consagración sea en una festividad mariana. Debe ser un día muy especial, celebrado de la mejor manera posible, yendo a Misa y haciendo la consagración allí mismo, delante de una imagen de la Virgen con la oración que aparece al final del libro, o alguna similar, que si fuese posible, el niño debería escribir de su puño y letra. Si el niño ya hizo la Primera Comunión, ese mismo día tendría que confesarse y recibir la Eucaristía, si fuese posible.

En esta tabla puede verse algunos posibles días de inicio con sus respectivas fiestas marianas, de tal modo que el día de la consagración vendría a ser el día decimotercero. Por supuesto, se puede elegir cualquier otra fecha mariana.

Día de Inicio	Fiesta Mariana	Día de la Consagración
21 de enero	Presentación del Señor	2 de febrero
30 de enero	Nuestra Señora de Lourdes	11 de febrero
13 de marzo	La Anunciación	25 de marzo
26 de abril	Nuestra Señora de Luján	8 de mayo
1 de mayo	Nuestra Señora de Fátima	13 de mayo
19 de mayo	La Visitación	31 de mayo
4 de julio	Nuestra Señora del Carmen	16 de julio
3 de agosto	La Asunción de María	15 de agosto
10 de agosto	María Reina	22 de agosto
27 de agosto	Natividad de María	8 de septiembre
31 de agosto	Santo Nombre de María	12 de septiembre
3 de septiembre	Nuestra Señora de los Dolores	15 de septiembre
25 de septiembre	Nuestra Señora del Rosario	7 de octubre
9 de noviembre	Presentación de María	21 de noviembre
26 de noviembre	Inmaculada Concepción	8 de diciembre
30 de noviembre	Nuestra Señora de Guadalupe	12 de diciembre
20 de diciembre	Madre de Dios	1 de enero

La estructura general de la preparación está ordenada según la mente de san Luis. Él propone hacerla durante treinta y tres días, pero aquí la adaptamos a los niños y la hacemos de doce días. De todos modos, seguimos las indicaciones del santo de Montfort, en relación a los motivos y diferentes aspectos de la preparación. La estructura general es entonces así:

Etapa de la preparación	Cantidad de días	Texto de san Luis María	Capítulos de este libro
Vaciarse del Espíritu del Mundo	3 DÍAS	*Quienes deseen abrazar esta devoción particular dedicarán doce días a vaciarse del espíritu del mundo, contrario al de Jesucristo. (n. 227)*	1. Hacer Sacrificios (*Contra el amor propio*) 2. Obedecer a la Virgen (*Contra la propia voluntad*) 3. Querer ir al Cielo (*Contra el espíritu mundano*)

Llenarse de Jesucristo por medio de la Ssma. Virgen	3 DIAS	*Durante la primera semana se dedicarán a pedir el conocimiento de sí mismos y la contrición de sus pecados* (n. 228).	4. San Pedro (*Arrepentirse de los pecados*) 5. Santo Domingo Savio (*Resolverse a no pecar más*) 6. San Tarcisio (*Incluso hasta dar la vida*)
	4 DIAS	*Durante la segunda semana se dedicarán a conocer a la Santísima Virgen, pidiendo este conocimiento al Espíritu Santo.* (n. 229).	7. La Anunciación (En María) (*Causa Material*) 8. El Nacimiento (Para María) (*Causa final*) 9. Bodas de Caná (Por María) (*Causa eficiente*) 10. Al pie de la Cruz (Con María) (*Causa Formal*)
	2 DIAS	*Dedicarán la tercera semana a conocer a Jesucristo.* (n. 230).	11. El Corazón de Jesús (*Divinidad y Humanidad*) 12. La Eucaristía (*El amor hasta el extremo*)
Consagración		*Al concluir las tres semanas se confesarán y comulgarán. Y después de la comunión recitarán la fórmula de consagración. Es conveniente que la escriban o hagan escribir, si no está impresa, y la firmen ese mismo día.* (n. 231).	13. Llegó el día

No hace falta que el niño esté enterado de las diferentes etapas de la preparación. Eso se dará naturalmente por la misma temática y flujo del libro. Lo que sí es importante, es inculcarle seriedad y perseverancia, y animarlo a cumplir con las oraciones y propósitos de cada día. Ayudaría mucho también, hacerle rezar el Rosario en familia, en especial durante los días de preparación.

Encomendamos a Dios esta obra y todos los niños que se consagren a María en materna esclavitud de amor. Que san Luis María nos ayude a ser fieles devotos de la Siempre Virgen María.

P. Bernardo M. Ibarra, IVE
Rege, O María
Año 2020

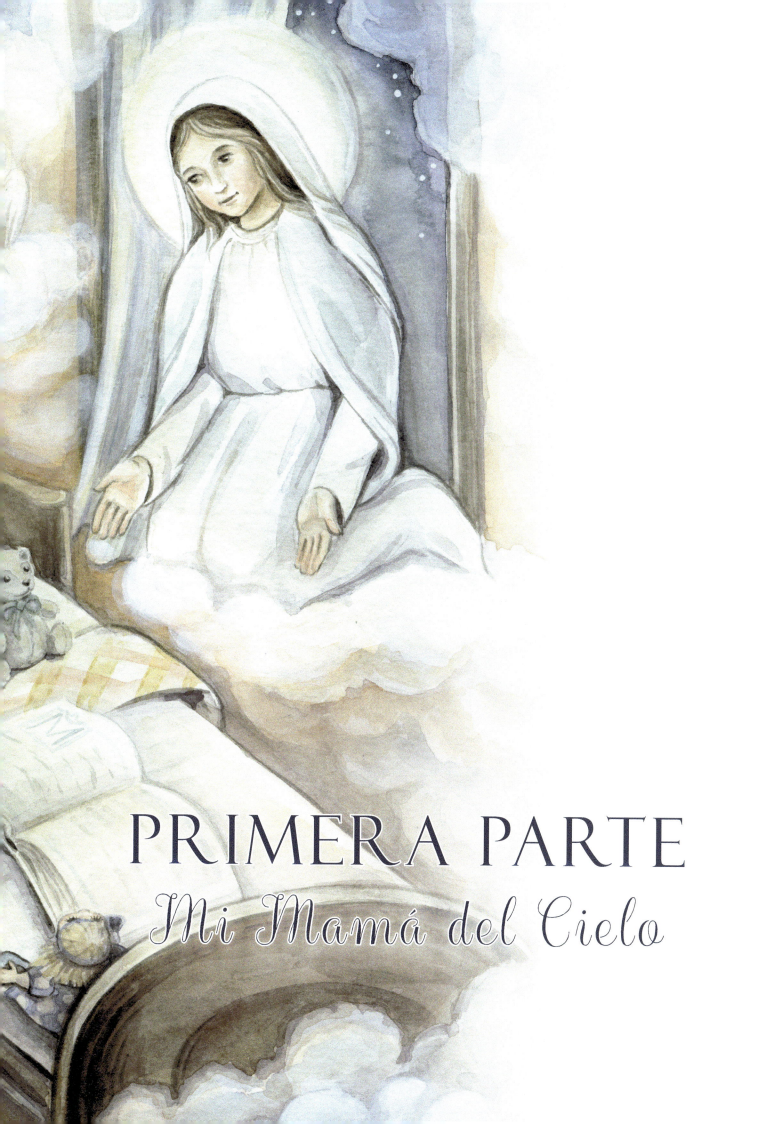

INTRODUCCIÓN
CONSAGRARME A MARÍA

Sabías que todos tenemos dos mamás?
Una en la tierra y otra en el Cielo. Tu mamá de la tierra es la que te llevó por nueve meses en su seno y te enseñó a hablar y a caminar. Ella te quiere mucho y siempre se preocupa por ti.

Pero en el Cielo, también tenemos otra mamá, que es la Virgen María, la mamá de Jesús y mamá de todos. Cuando Jesús murió en la cruz por todos los hombres, nos dejó todo lo que tenía, incluso su misma mamá, la Virgen. Él quería darnos el regalo más grande, el mejor de todos, y no encontró otro mejor que su misma madre.

Es por esto que todos tenemos dos mamás, una en la tierra y otra en el Cielo, y tenemos que ser buenos hijos y querer mucho a nuestras dos mamás.

¿Y cómo puedo ser buen hijo de mi mamá del Cielo, la Virgen María? Soy buen hijo cuando hago lo que a ella le gusta; y lo que más le gusta es que nos consagremos totalmente a ella.

¿Pero qué significa *consagrarse*? Consagrarse significa reconocer a la Virgen María como mi madre, pertenecer completamente a ella y hacer todas las cosas de tal modo que todos puedan darse cuenta de que yo soy su hijo. Significa, además, dejar que María haga conmigo y con mis cosas lo que quiera, porque estoy seguro de que ella sabe lo que es mejor para mí y sabe mejor que yo cómo repartir todo lo bueno que hago, en las personas que más lo necesitan.

Cuando nos consagramos a María, ella se pone muy contenta, porque así puede acercarnos a Jesús. Ella lo que más quiere es que conozcamos y amemos mucho a Jesús, y como eso no es fácil, ella misma nos lo quiere enseñar.

Ahora bien, para consagrarse, hay que estar bien preparados y aprender algunas cosas muy importantes. En este libro aprenderás cómo ser buen hijo de nuestra mamá del Cielo y podrás prepararte para consagrarte a ella.

Pero primero debes saber quién es san Luis María de Montfort, porque él fue el que nos enseñó a ser buenos hijos de la Virgen.

San Luis desde pequeño quería ser sacerdote y misionero para ayudar a todos a llegar al Cielo. Y tanto era el deseo que tenía de llevar a todos los hombres a Jesús que tuvo la mejor idea de todas: llevarlos a través de María, porque ella es el camino más fácil y más rápido para llegar a Jesús.

Por eso, durante toda su vida, san Luis trabajó mucho para hacer que los hombres amen a la Virgen. Escribió muchos libros y enseñó muchas cosas sobre la Virgen María. Tanto la quería que rezaba todos los días frente a su imagen el santo Rosario.

San Luis es el maestro que mejor nos enseña cómo ser buenos hijos de María y prepararnos bien para consagrarnos a ella.

CAPÍTULO 1
EL CAMINO SECRETO

Como habrás aprendido en el catecismo, Dios creó al hombre para que lo conozca, lo ame y lo sirva en esta tierra, y después, para que goce de Él, en el Cielo y para siempre. Esta es una verdad muy importante, tan importante que si la olvidamos, vivimos como perdidos, como los que caminan sin saber a dónde tienen que llegar.

Otra verdad importante que nos enseñó Jesús, es que este camino para llegar al Cielo es angosto y son pocos los que lo encuentran.

Pero no tienes por qué preocuparte, porque hoy te contaré un secreto. Pero no un secreto cualquiera, sino el más importante de todos, que nos lo enseñó san Luis María. Pero tú tienes que poner mucha atención para que no se te olvide, y tienes que guardarlo en tu corazón para que no se pierda.

El secreto es que existe un atajo, un camino fácil y rápido para llegar al Cielo. Hay muchos modos de llegar al Cielo. Algunos son muy difíciles y peligrosos. Otros son muy largos y parecen nunca acabar. Pero el camino que te mostraré es el mejor de todos, porque nos lleva al Cielo, tan rápido como si fuésemos por la autopista (carretera) o en ascensor. ¿Y cuál es este camino? Este camino se llama María. Ella es el camino más fácil y corto para llegar al Cielo.

¿Por qué María es el camino más fácil y corto? Porque ella es la madre de Jesús, y por lo tanto es la que mejor sabe cómo llegar a Él. María sabe cómo conocerlo, amarlo y servirlo del mejor modo.

Así como Jesús vino al mundo por la Virgen, naciendo de ella, así nosotros tenemos que ir a Jesús también con la ayuda de la Virgen. Ella es el camino que nos conduce a Jesús. Fuera de ella, todo es peligroso y difícil.

Este es entonces el secreto: con la Virgen vamos al Cielo rapidísimo, porque ella *"es el camino más seguro, el más corto y el más perfecto para ir a Jesús"*. Por eso tenemos que estar muy unidos a la Virgen y quererla mucho. Mientras más la amemos, más amaremos a Jesús.

CAPÍTULO 2
SOY TODO TUYO

Ya has aprendido que la Virgen es el mejor camino para ir a Jesús. Ella es el camino secreto. Por eso, siempre tenemos que amarla mucho y estar con ella. Tenemos que ser sus buenos hijos y sus esclavos de amor.

Pero, ¿qué es un *esclavo*? Esclavo es aquel que pertenece a otro completamente. El esclavo no hace lo que quiere, sino que siempre hace lo que le dice su dueño. De este mismo modo, nosotros también tenemos que hacer todo lo que quiere la Virgen, porque ella es nuestra Dueña y Señora.

Pero nuestra esclavitud no es una esclavitud cualquiera, sino que es una esclavitud de amor, porque nadie nos obliga a hacernos esclavos. Lo hacemos porque la amamos mucho y sabemos que lo que nos manda es siempre lo mejor.

Como esclavos pertenecemos totalmente a la Virgen María, y todas nuestras cosas son de ella. Todo lo nuestro es suyo. Eso quiere decir que tenemos que esforzarnos por usar bien de todas nuestras cosas, porque María nunca haría, con lo que le pertenece, algo que no fuera bueno.

¿Y qué cosas tenemos que darle a la Virgen?

1. Tenemos que darle nuestro cuerpo. Nuestras manos y nuestros pies. Nuestros ojos, boca, oídos y corazón. Por lo tanto, tenemos que usar de todo nuestro cuerpo tal como lo haría María.

2. Nuestra alma también tiene que ser de ella. O sea, toda nuestra vida, lo que pensamos y lo que queremos. Todo es de la Virgen.

3. Tenemos que darle también a la Virgen todas nuestras cosas. Nuestros juguetes, útiles y ropa pertenecen a la Virgen. Nosotros simplemente los usamos, como cosa prestada.

4. Por último, tenemos que darle a la Virgen nuestras buenas obras. Todo lo bueno que hagamos tiene que ser de la Virgen. Ella es la dueña de nuestros méritos, o sea, del premio por hacer obras buenas. Cada vez que hacemos una obra buena, Dios nos prepara un premio en el Cielo, que se llama *mérito*. Eso también se lo regalamos a la Virgen, para que ella lo use como quiera, porque nosotros somos sus esclavos. Entonces, ella, porque es una madre muy buena y sabia, puede dar nuestro mérito a otras personas que lo necesitan más o que no tienen casi premios.

Entonces, cuando nos hacemos esclavos de la Virgen, le damos todo nuestro cuerpo, toda nuestra vida, todas nuestras cosas y todas nuestras buenas obras. Por eso a ella siempre le decimos: *soy todo tuyo María*.

CAPÍTULO 3
EL DÍA DE MI BAUTISMO

Ya aprendimos que la Virgen es el camino secreto y que tenemos que ser sus esclavos. Ahora quiero explicarte lo que pasa en tu alma cuando te haces esclavo de la Virgen.

Cuando éramos pequeñitos, o algunos cuando eran más grandes, fuimos bautizados y nos hicimos hijos de Dios. Fue un día muy importante para todos nosotros porque nos vaciamos de lo malo, del pecado, y nos transformamos en hijos de Dios. Nuestra alma quedó toda limpia.

¿Sabías tú que cuando nos hacemos esclavos de María nos pasa algo muy parecido? Es como bautizarnos de nuevo, porque nos vaciamos de lo malo que hay en nosotros y prometemos hacer muchas obras buenas y sacrificios. Cuando nos hacemos esclavos de María, renunciamos al demonio y nos unimos a ella y a Jesús.

Antes del bautismo, éramos esclavos del diablo y pertenecíamos a él. Pero ahora, después del bautismo, somos esclavos de la Virgen y estamos siempre a su servicio.

Pero a veces nos olvidamos de esto y no nos acordamos de que fuimos bautizados y que prometimos ser santos, obedientes y buenos. Por eso, tenemos que ser fieles y perseverar. La Virgen nos ayudará mucho, siempre que seamos buenos esclavos.

Ser esclavo de la Virgen es una cosa muy bonita, porque nos hace ser verdaderamente libres. Nos libera del pecado y de nuestro propio gusto, para hacer sólo lo que Jesús y María quieren. Si siempre hacemos lo que se nos antoja, el que manda es el capricho, y no la Virgen.

El verdadero esclavo de la Virgen es el único realmente libre y un muy buen hijo suyo.

¡Seamos los mejores esclavos de la Virgen!

CAPÍTULO 4
MI AMIGO Y MAESTRO INTERIOR

Como te darás cuenta, ya hemos aprendido un montón. La Virgen es nuestro camino secreto. Ella nos lleva a Jesús y nosotros debemos ser sus esclavos, entregándole todo lo que tenemos y somos, tal como hicimos el día de nuestro bautismo.

Pero a veces todo esto es muy difícil, porque nos cuesta mucho o nos olvidamos. Pero no hay de qué preocuparse, porque Dios nos envía un gran amigo, una Persona Divina que nos consuela y nos da fuerza para poder ser buenos esclavos. Él es el Espíritu Santo y es la Tercera Persona de la Santísima Trinidad.

Como tú bien sabes, Dios es sólo uno, pero en Él hay tres personas: el Padre, el Hijo y el Espíritu Santo. Siempre decimos estos nombres cuando nos hacemos la señal de la cruz, antes de rezar. El Espíritu Santo es tan Dios como el Padre y como el Hijo, Jesús. Él siempre estaba con Jesús y la Virgen, y a veces se aparecía como una paloma o como fuego o viento, porque él es un amigo invisible, aunque muy verdadero y real. Por ejemplo: un día se apareció a los Apóstoles y a la Virgen como fuego, y les dio muchas fuerzas para ser santos y no tener miedo a sufrir y a morir por Jesús.

El Espíritu Santo es entonces nuestro amigo que nos da vida en el alma y nos hace buenos hijos de María. Sin Él, nosotros no podríamos querer ni a Jesús ni a la Virgen. Él también nos hace esclavos de la Virgen e igualitos a ella. Es muy bueno y le gusta vivir en nosotros, siempre y cuando no cometamos pecado. Nos quiere tanto que siempre está con nosotros, incluso cuando dormimos, y más todavía cuando rezamos.

El Espíritu Santo no es sólo un muy buen amigo, sino que también es nuestro maestro que nos enseña muchísimas cosas y nos hace entender las cosas más difíciles. Por eso siempre tenemos que pedirle ayuda para poder entender y amar mucho las cosas de Dios que aprendemos en el Catecismo. En especial tenemos que pedirle que nos haga entender cómo ser buenos esclavos e hijos de María.

Además, el Espíritu Santo nos habla al oído todos los días. Nos dice qué tenemos que hacer y qué no hay que hacer. Él es el mejor consejero y guía. A veces nos dice que nos portemos bien, que ayudemos en casa, que no seamos envidiosos y que no nos quejemos. Otras veces nos dice que hagamos la tarea, que obedezcamos a mamá y papá, y que recemos al despertarnos y cuando nos vamos a dormir. Él nos hace acordar que tenemos que rezar el Rosario, que tenemos que ir Misa los domingos y querer mucho a Jesús y a la Virgen.

¡Tenemos que estar atentos, para hacer siempre lo que nos dice! Hay que aprender a reconocer su voz, porque es una voz que sólo se escucha en nuestro corazón, en nuestra mente.

¿Estás listo para escuchar a tu amigo y maestro interior?

CAPÍTULO 5
A JESÚS POR MARÍA

Había una vez un campesino tan pobre que lo único que tenía para comer era una manzana. Y aunque era lo único que tenía, quería dársela al rey para poder así ser amigo suyo. Pero claro, una manzana no es un gran regalo. El pobre hombre no sabía qué hacer, porque seguramente el rey no estaría contento con regalo tan pobre.

Y de tanto pensar, se le ocurrió ir a ver a la mamá del rey, la reina. Se arrodilló frente a ella, y le dijo: "*Mi señora y reina mía, quiero pedirte un gran favor, que le presentes esta manzana en mi lugar a tu hijo, el rey. Es un regalo muy pobre y feo, pero si tú se lo das, el rey lo aceptará igualmente y se pondrá muy feliz*". La reina aceptó con mucho gusto. Tomó la manzana, la lavó muy bien y la puso en una bandeja de plata y oro, y se la presentó al rey.

El rey se puso muy feliz con tan bonito regalo y comió de la manzana como si fuese la mejor fruta del mundo. Y enseguida le preguntó a la reina: "*¿De dónde has sacado tan deliciosa manzana?*" Y la reina madre, llamando al buen hombre, le dijo al rey: "*Este campesino la ha traído para ti, para que tú seas su amigo*".

Entonces el rey se levantó de su trono y se acercó al buen hombre, que estaba muy nervioso y con la cabeza gacha, y le dijo: "*Me has dado un regalo muy especial e importante, desde hoy serás mi buen amigo*". Y así fue. Desde aquel día el campesino fue el mejor amigo del rey, gracias a que la reina madre le hizo este grandísimo favor.

¿Sabías que todos nosotros somos ese campesino y que María es la Reina Madre? Por eso, cada vez que hacemos alguna obra buena tenemos que entregársela a María, para que ella se la presente a Jesús, que es el Rey. De ese modo, Él aceptará todo lo que hagamos. Aunque nuestras buenas obras y sacrificios sean muy pequeñitos y no estén del todo bien hechos, la Virgen los limpia, adorna y presenta a Jesús. Y Él los acepta de todo corazón.

Por eso nosotros tenemos que aprender esta importante lección: cada vez que queramos ir a Jesús, tenemos que hacerlo a través de María: "*A Jesús por María*" … Siempre a Jesús por María.

SEGUNDA PARTE
12 días de preparación

Ya hemos aprendido muchas cosas y hay otras más que debemos aprender para poder consagrarnos a María del mejor modo posible, y lo vamos a hacer mientras nos preparamos durante doce días. ¡Doce días de preparación para consagrarnos a la Virgen!

No es cosa fácil y hace falta ser muy esforzados. Es por eso que vamos a prepararnos de a poquito, para hacernos más buenos y así estar listos para pertenecer totalmente a María.

Mañana empezaremos la preparación. Desde ahora, tienes que tener muchas ganas de hacerla. Por lo pronto, hoy le diremos muchas veces a la Virgen María: *soy todo tuyo María*.

Y ahora di esta oración, que la vamos a rezar todos estos días:

¡Oh Señora mía! ¡Oh Madre mía! Yo me ofrezco enteramente a ti y en prueba de mi filial afecto te consagro en este día, mis ojos, mis oídos, mi lengua, mi corazón; en una palabra, todo mi ser. Ya que soy todo tuyo, oh Madre de bondad, guárdame y defiéndeme como cosa y posesión tuya. Amén.

San Luis María, ruega por nosotros

DÍA 1
HACER SACRIFICIOS

Hoy es el primer día, y tenemos que aprender algo muy importante. Pero antes te contaré una historia muy bonita. Hace no mucho tiempo, en un pueblito llamado Fátima, la Virgen María bajó del Cielo y se apareció a tres pastorcitos: Lucía, Francisco y Jacinta. Francisco y Jacinta eran hermanos, y Lucía, la prima de ellos.

Un día, mientras cuidaban las ovejas, una señora muy hermosa, vestida con un manto blanquísimo, y con el rostro lleno de luz, se les apareció sobre un arbusto. Era la Virgen María que quería pedirles un favor muy grande. Ella quería que no se ofendiera más al Corazón de Jesús ni a su Inmaculado Corazón. Y les dijo que su Corazón y el Corazón de Jesús están muy tristes, porque hay muchas personas que no obedecen a Dios y se van al infierno. Les dijo también que por eso ella quiere que los niños se porten bien y hagan sacrificios.

Pero ellos eran muy pequeñitos y no sabían qué significaba hacer sacrificios. Por eso, se lo preguntaron a la Virgen, y ella les explicó que sacrificio significa hacer buenas obras que son difíciles y no nos gustan, para así poder consolar al Corazón de Jesús, que está muy triste. Ellos lo entendieron muy rápido.

Desde ese día, Francisco, Jacinta y Lucía, siempre hacían sacrificios para entregárselos a María. Un día Jacinta no comió una comida que era muy deliciosa, y otro día, Francisco dio sus caramelos y merienda a unos niños más pobres; y aunque él se quedó con mucha hambre, estaba muy feliz porque hizo un sacrificio para Jesús. Lucía, que era la más grande, también hacía sacrificios, y rezaba mucho el Rosario para que los pecadores no fueran al infierno.

¿Quieres tú hacer también sacrificios? Hoy es el primer día de la preparación y tenemos que aprender a hacer pequeños sacrificios. Por ejemplo: puedes dejar hoy de comer alguna cosa que te gusta mucho y dársela a otra persona, quizás a algún pobre. O, si quieres, puedes hacer el sacrificio de no quejarte de algo que te duele o que no te gusta. Hay muchos modos de hacer sacrificios, y cuando los hagas tienes que decir siempre en tu interior: *"Lo hago por Jesús y María"*.

Hoy harás entonces, algunos sacrificios para mejor prepararte para tu consagración. Y no olvides de decir muchas veces: *soy todo tuyo María*.

Ahora recita la oración:

Oh Señora mía! ¡Oh Madre mía! Yo me ofrezco enteramente a ti y en prueba de mi filial afecto te consagro en este día, mis ojos, mis oídos, mi lengua, mi corazón; en una palabra, todo mi ser. Ya que soy todo tuyo, oh Madre de bondad, guárdame y defiéndeme como cosa y posesión tuya. Amén.

San Luis María, ruega por nosotros

DÍA 2
OBEDECER A LA VIRGEN

Hoy es el día número dos, y tenemos que dar el segundo paso. Ayer aprendimos que es necesario hacer sacrificios, como los pastorcitos de Fátima. Hoy, vamos a aprender y prometerle a la Virgen hacer uno de los sacrificios más difíciles, que es obedecer. Obedecer es muy importante porque es lo que más le gusta a la Virgen que hagamos, porque no podemos ser buenos hijos suyos si no le obedecemos.

Hace mucho tiempo, en el año 1630, había un hombre que vivía en la Provincia de Santiago del Estero, en Argentina y que tenía en su casa una capillita. Pero él no tenía ninguna estatua de la Virgen. Entonces se le ocurrió pedirle a un amigo suyo que le enviase una imagen. Y así lo hizo.

Mientras iban de viaje llevando la Virgencita, los bueyes que empujaban la carreta, de repente, no quisieron andar más. Se detuvieron, y no había modo de hacerlos avanzar. Entonces, decidieron bajar todas las cosas de la carreta, para hacerla más liviana. Y se dieron cuenta de que sólo al bajar la caja que guardaba la Virgen, los bueyes comenzaban a moverse.

Con este milagro, la Virgen manifestó que quería quedarse allí, a orillas del río que por allí corría, que se llama Río Luján. Desde ese día, todo el mundo llamó a esa Virgencita con el nombre de Nuestra Señora de Luján.

La Virgen quería quedarse allí y tener un santuario muy grande, por eso hizo que los bueyes no se moviesen, dando órdenes de que la dejasen allí mismo. Aquella gente buena y sencilla obedeció a María. Gracias a la obediencia de ellos, la Virgen pudo quedarse allí y ser la Madre de todos nosotros.

Nosotros también tenemos que ser obedientes y hacer lo que la Virgen María nos pide. ¿Y qué cosas nos pide la Virgen? Ella nos pide que hagamos siempre lo que tenemos que hacer en cada momento. Cuando hay que rezar, ella nos pide que recemos. Cuando hay que jugar y divertirnos, ella nos pide que juguemos y nos divirtamos. Cuando hay que comer, que comamos. Y cuando hay que ir a estudiar, que estudiemos; y así con todo lo demás. Debemos obedecer en todas las cosas y no sólo en lo que nos gusta, porque si sólo hacemos las cosas que nos gustan, nunca vamos a ser santos. Para consagrarnos a la Virgen necesitamos ser valientes y obedecer aún en las cosas más difíciles.

¿Quieres obedecer en todo a la Virgen? Seguramente que sí. Pero como somos débiles y nos olvidamos, tenemos que pedirle a la Virgen la gracia de estar siempre listos a obedecer. Promete hoy, obedecerle en todas las cosas, y no olvides de decir muchas veces: *soy todo tuyo María.*

Ahora ve ante una imagen de la Virgen y di la oración:

¡Oh Señora mía! ¡Oh Madre mía! Yo me ofrezco enteramente a ti y en prueba de mi filial afecto te consagro en este día, mis ojos, mis oídos, mi lengua, mi corazón; en una palabra, todo mi ser. Ya que soy todo tuyo, oh Madre de bondad, guárdame y defiéndeme como cosa y posesión tuya. Amén.

San Luis María, ruega por nosotros

DÍA 3
QUERER IR AL CIELO

Tercer día. Ya hemos aprendido muchas cosas importantes. Hoy aprenderemos otra cosa más, que a la Virgen le gusta mucho que hagamos. Pero primero contaremos una historia.

Hace no mucho tiempo, la Virgen se apareció a una niña. Su nombre era Bernardita. Resulta que Bernardita, junto con su hermana, fue a buscar leña para la cocina. Como eran muy pobres, todos tenían que ayudar y trabajar en la casa.

Fue entonces Bernardita cerca del río, donde había una cueva, porque allí había mucha leña. De repente, en la misma cueva, vio a una hermosa señora, toda vestida de blanco, con una faja celeste y rosas de oro en los pies. Bernardita estaba muy sorprendida y no sabía quién era aquella hermosa señora. Luego, le preguntó cuál era su nombre. Y la hermosa señora le respondió: *"Yo soy la Inmaculada Concepción"*, o sea, la Virgen María, que nunca tuvo pecado, ni siquiera el primer pecado, el pecado original, que se borra con el bautismo. María es la única mujer que desde el seno de su madre no tuvo pecado.

Bernardita estaba muy contenta de poder ver a la Virgen María, pero muchos no le creyeron y tuvo que sufrir mucho, porque la gente se burlaba y la trataba de loca. Pero ella estaba tranquila, porque la Virgen le había dicho: *"En esta vida sufrirás mucho, pero en el Cielo serás muy feliz"*. Desde ese momento, Bernardita pensaba mucho en el Cielo y quería ir allí. No le importaba tener que hacer sacrificios, estar enferma o que se burlen de ella. Sólo le importaba ir al Cielo y ver de nuevo a nuestra mamá, la Virgen María.

Bernardita nos da un ejemplo muy importante para nuestra preparación: tenemos que querer ir al Cielo. Allí están Jesús, la Virgen y todos nuestros santos amigos. Nosotros, los hijos de Dios y María, no pertenecemos a este mundo, nuestra verdadera casa está en Cielo, porque fuimos creados para eso, para estar con Dios y la Virgen, juntos y para siempre.

Llegar al Cielo es lo mejor que nos puede pasar, y perderlo, es lo peor. Lo más importante es conseguir el Cielo, y el resto no importa.

¿Y cómo se llega al Cielo? Haciendo lo que Dios quiere que hagamos. Cumplir los mandamientos, hacer obras buenas y sacrificios. Hay que obedecer y portarnos bien. Si hacemos estas cosas, Dios nos dará el Cielo, que es el mejor premio de todos.

Hoy escribirás una carta a la Virgen, pidiéndole que te haga llegar al Cielo, y le dirás que tienes el firme propósito de hacer todo lo que sea necesario para poder estar con ella, en el Cielo y para siempre. Y ahora, reza la oración:

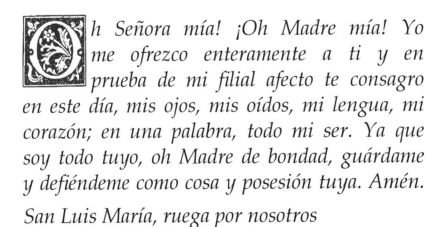

¡Oh Señora mía! ¡Oh Madre mía! Yo me ofrezco enteramente a ti y en prueba de mi filial afecto te consagro en este día, mis ojos, mis oídos, mi lengua, mi corazón; en una palabra, todo mi ser. Ya que soy todo tuyo, oh Madre de bondad, guárdame y defiéndeme como cosa y posesión tuya. Amén.

San Luis María, ruega por nosotros

DÍA 4
SAN PEDRO

Hoy comenzaremos con la historia del gallo de san Pedro. Como ya sabes, san Pedro era uno de los mejores amigos de Jesús y era el capitán de los apóstoles.

La noche antes de morir, Jesús tuvo una cena con los apóstoles. Mientras comían, Pedro le prometió a Jesús ser su mejor amigo y para siempre, y le dijo *"aunque tenga que morir contigo, yo no te negaré"*. Pero Jesús se puso triste, porque sabía que Pedro esa misma noche lo abandonaría, antes de que cantase el gallo.

Y así fue. Cuando arrestaron a Jesús para llevarlo a la cruz, Pedro, en vez de ayudarlo y acompañarlo, lo abandonó. Justo cuando Jesús más necesitaba de sus amigos, Pedro se escapó y lo dejó solo. Además, dijo que no conocía a Jesús, ¡y lo repitió tres veces! Pedro traicionó a Jesús. Y en eso, cantó el gallo. Recién ahí, Pedro se acordó de lo que Jesús le había dicho, y se puso a llorar.

Pedro fue débil y se portó mal. No fue valiente. Tuvo miedo y fue egoísta. No quería acompañar a Jesús.

Pero luego, Pedro se arrepintió y lloró mucho, y volvió a ser muy amigo de Jesús. Cambió de vida y se convirtió en el primer Papa y murió por Jesús, crucificado cabeza abajo.

Muchas veces nosotros hacemos lo mismo que Pedro: traicionamos a Jesús y lo dejamos solo. Le ofendemos haciendo lo que a Él no le gusta. ¡Pobre Jesús! ¡Y pobre la Virgen! Ella también se pone triste y llora, porque nos portamos mal y no obedecemos. El pecado ofende mucho a Jesús y es la cosa más fea del mundo. Es lo peor que nos puede pasar en esta vida. Es horrible.

Pero, al igual que Pedro, podemos también cambiar y pedir perdón, y Dios nos perdona nuestros pecados. Nosotros somos pecadores y muy débiles. Sin embargo, con la ayuda de Dios podemos levantarnos y prometer no hacerlo más.

Hoy promete a la Virgen siempre pedir perdón, aunque cueste y no te guste. Como tarea enciende una velita a la Virgen, y arrepiéntete de todas las cosas que te acuerdes que hayas hecho mal. Y no te olvides de repetir muchas veces: *soy todo tuyo María.*

Ahora puedes decir la oración para todos los días:

¡Oh Señora mía! ¡Oh Madre mía! Yo me ofrezco enteramente a ti y en prueba de mi filial afecto te consagro en este día, mis ojos, mis oídos, mi lengua, mi corazón; en una palabra, todo mi ser. Ya que soy todo tuyo, oh Madre de bondad, guárdame y defiéndeme como cosa y posesión tuya. Amén.

San Luis María, ruega por nosotros

DÍA 5
SANTO DOMINGO SAVIO

¡Llegamos al quinto día! Ya hemos hecho muchísimo y nos falta un tanto más. Ayer aprendimos que el pecado es algo muy feo, y le prometimos a la Virgen no hacerlo más. Por eso, hoy, contaremos la historia de un niño muy bueno. Su nombre era Domingo Savio.

Domingo nació en una familia muy pobre, pero honrada. Desde pequeño amaba mucho a la Virgen y siempre se acordaba de rezar en familia. A veces los mayores de la familia se olvidaban de que había que rezar, así que Domingo les hacía acordar.

Cuando Domingo comenzó a ir a la escuela, conoció a san Juan Bosco, un sacerdote muy bueno, que le enseñó a querer mucho más a la Virgen María. En la escuela la llamaban *Auxiliadora de los Cristianos*, o sea, María, la que ayuda y socorre a los cristianos.

Domingo era muy bueno, estudiaba, hacía las tareas y siempre obedecía. Le gustaba mucho ir a la capilla a visitar a Jesús y hablar con la Virgen. Cuando sus compañeros hablaban cosas malas o decían palabrotas, él se ponía triste y se alejaba de ellos. Pero cuando ellos jugaban y se divertían correctamente, él era uno de los primeros en estar allí. Tenía muchos amigos, y era muy querido por ellos.

El día de su primera comunión hizo un propósito muy importante: *"Morir antes que pecar"*. Su amor por Jesús y la Virgen era tan grande, que preferiría perder la vida antes que ofenderlos. Claro, a él le costaba también ser bueno y portarse bien, como a todos nosotros, pero nunca bajaba los brazos. Si caía, se volvía a levantar.

Tanto quería a la Virgen, que con sus amigos formó el grupo de la Inmaculada Concepción (¿Te acuerdas qué significa?), donde todos se consagraban a la Virgen como buenos hijos suyos (como tú lo harás en pocos días).

Debemos aprender mucho de santo Domingo, a odiar el pecado y amar a la Virgen, como buenos hijos. Si le fallamos, ella nos perdona y nos da nuevas fuerzas, siempre y cuando le prometamos no hacerlo más, con el firme propósito de morir antes que pecar.

La tarea de hoy es muy fácil. Debes buscar papel y lápiz, y escribir: *"Morir antes que pecar"*. Luego pon el cartel cerca de tu cama, para que cuando te levantes y te acuestes a dormir, te acuerdes de la historia de santo Domingo. No te olvides de repetir muchas veces: *soy todo tuyo María*, y pídele a la Virgen que te conceda la gracia de no cometer nunca un pecado mortal.

Ahora, reza la oración:

¡Oh Señora mía! ¡Oh Madre mía! Yo me ofrezco enteramente a ti y en prueba de mi filial afecto te consagro en este día, mis ojos, mis oídos, mi lengua, mi corazón; en una palabra, todo mi ser. Ya que soy todo tuyo, oh Madre de bondad, guárdame y defiéndeme como cosa y posesión tuya. Amén.

San Luis María, ruega por nosotros

DÍA 6
SAN TARCISIO

¡Felicitaciones! Ya hemos llegado a la mitad del camino. La consagración a la Virgen está muy cerca. No debemos desanimarnos. Al contrario, debemos seguir adelante y perseverar en nuestra preparación. Nunca tenemos que dejarnos vencer por la pereza o el olvido. Los buenos hijos de María siempre se acuerdan de ella, de rezarle todos los días y de quererla mucho. Por eso hay que perseverar y ser muy valientes. Tan valientes como san Tarcisio. ¿Sabes quién es san Tarcisio? Hoy contaremos su historia.

Hace mucho, mucho tiempo, vivía en la famosa y muy hermosa ciudad de Roma, un niño llamado Tarcisio. Él era monaguillo y le gustaba muchísimo ayudar en la Misa. Pero había un problema muy grande: ir a Misa estaba prohibido por la ley. Si te descubrían yendo a Misa, te llevaban a la cárcel. Los cristianos, entonces, se escondían en las *catacumbas*, que eran túneles debajo de la tierra, para poder celebrar la Misa. Tarcisio siempre iba a Misa y se escondía muy bien. Nadie se daba cuenta de que estaba yendo a Misa. Otros muchos cristianos no podían ir a Misa porque estaban en la cárcel, justamente por ser cristianos. De aquí que siempre alguien les llevaba la comunión en secreto.

Un día, luego de terminar la Misa, el padre preguntó quién se animaba a llevar la comunión a los cristianos presos. Tarcisio levantó la mano en seguida, y gritó: "*Yo se la llevaré*". Viendo el sacerdote cuánto coraje tenía Tarcisio, no dudó en encomendarle tan importante tarea.

Salió Tarcisio al anochecer con la Eucaristía en su pecho. Sus manos la protegían fuertemente, porque él sabía muy bien que allí estaba Jesús. Pero, de repente, aparecieron unos hombres malos, que no creían en Jesús, y le empezaron a gritar: "*Tarcisio, Tarcisio… ¿qué llevas ahí?*". Tarcisio no se detuvo y siguió adelante. Pero mientras más se apresuraba, más los malos lo perseguían, hasta que lo apresaron. Trataban de abrirle las manos, para ver qué llevaba consigo. Pero Tarcisio era muy fuerte y no se dejaba mover las manos. Forcejeaban mucho, pero él se resistía. Hasta que se cansaron y lo mataron. Y aún estando muerto, nadie pudo abrirle las manos. Sólo el sacerdote, una vez que le llevaron el cuerpo de Tarcisio, pudo abrirle las manos y recuperar la Eucaristía.

San Tarcisio es un gran ejemplo para todos, porque prefirió morir antes que dejar que maltraten a la Eucaristía. Él no tenía miedo de lo que los demás dijeran. Él quería hacer todo por Jesús, para agradar sólo a Él.

Como tarea, te prepararás para la próxima Comunión con mucho fervor, y cuando recibas a Jesús le dirás que quieres cuidar de Él y defenderlo siempre tal como lo hizo san Tarcisio. También harás un dibujo de san Tarcisio, llevando la Eucaristía, pero primero, reza la oración, y dile a la Virgen muchas veces: *soy todo tuyo.*

¡Oh Señora mía! ¡Oh Madre mía! Yo me ofrezco enteramente a ti y en prueba de mi filial afecto te consagro en este día, mis ojos, mis oídos, mi lengua, mi corazón; en una palabra, todo mi ser. Ya que soy todo tuyo, oh Madre de bondad, guárdame y defiéndeme como cosa y posesión tuya. Amén.

San Luis María, ruega por nosotros

DÍA 7
LA ANUNCIACIÓN
En María

Todos los 25 de marzo festejamos un día muy importante, el día en que Dios se hizo hombre. Como tú bien sabes, Dios había prometido, a Adán y Eva, un Salvador, que fue el mismo Hijo de Dios, la Segunda Persona de la Santísima Trinidad.

El Hijo le dijo al Padre: "*Aquí estoy, quiero salvar a los hombres y quiero sufrir el castigo que ellos merecen. Quiero devolverles la gracia y abrirles las puertas del cielo*". Y Dios Padre, por amor a nosotros, los hombres, nos entregó a su único Hijo. Fue así, entonces, que el Hijo de Dios se hizo hombre, uno como nosotros, y su nombre es *Jesús*, que significa *Salvador*.

Pero antes que sucediese esto, Dios envío al ángel Gabriel a la Virgen María y le preguntó si ella quería ser la Madre del Hijo de Dios. Y María dijo que sí. No era fácil ser la Madre de Dios, porque implicaba sufrir mucho. Pero ella aceptó igualmente, con mucha valentía.

¿Y sabes dónde se hizo hombre? Se hizo hombre en el seno de la Virgen. Se hizo el hijo de María. Y vivió *en María* por nueve meses, comiendo lo que ella comía y yendo a donde ella iba. Jesús vivía *en María*.

Nosotros tenemos que hacer lo mismo: vivir *en María*, haciéndonos de nuevo como bebés en su seno. ¿Pero cómo podemos entrar en el seno de la Virgen? Es muy fácil: sólo hace falta quererla muchísimo, pensar en ella, recordarla y hablarle. Porque cuando queremos a una persona mucho,

mucho, esa persona vive en nosotros y nosotros en ella, aunque estemos separados y en distintos lugares. Tenemos que amar a la Virgen mucho, para poder así vivir en ella, dentro de su seno. Los buenos hijos de María, siempre quieren vivir en ella. Nosotros debemos hacer lo mismo: vivir *en María*.

El propósito de hoy será pensar en la Virgen muchas veces en el día, todas las que puedas; recordando que tú estás en ella. Antes de hacer cada cosa, como comer, jugar, hacer los deberes, ir a la escuela, dirige unas palabras interiormente a ella, diciéndole que quieres que ella esté a tu lado, haciendo todo junto a ti. Así todo lo que hagas será hecho *en María*. Recurre a ella especialmente cuando algo te cueste, cuando hagas un sacrificio y también cuando tengas una alegría. Al final del día prepara un ramo de flores para la Virgen y pon tantas flores como veces en el día la recordaste.

Repite muchas veces durante el día: *soy todo tuyo María.*

Ahora reza la oración:

Oh Señora mía! ¡Oh Madre mía! Yo me ofrezco enteramente a ti y en prueba de mi filial afecto te consagro en este día, mis ojos, mis oídos, mi lengua, mi corazón; en una palabra, todo mi ser. Ya que soy todo tuyo, oh Madre de bondad, guárdame y defiéndeme como cosa y posesión tuya. Amén.

San Luis María, ruega por nosotros

DÍA 8
NAVIDAD
Para María

espués de nueve meses, Jesús finalmente nació en Belén, el 25 de diciembre. Como tú bien sabes, todos los años celebramos la Navidad, el día en que Jesús nació.

¿Conoces la historia de cómo Jesús nació? Seguramente que sí, pero la contaremos otra vez, porque es muy bonita.

Cuando la Virgen ya estaba muy cerquita de dar a luz a Jesús, san José la llevó a Belén. Pero cuando llegaron a esta ciudad pequeñita, no encontraron ningún lugar donde naciera el niño Jesús. Por eso tuvieron que ir a una cueva o establo, donde dormían los animales. Vacas, burros, mulas y ovejas fueron los que acompañaron a Jesús recién nacido. La noche era muy fría, y no había ninguna cuna donde recostar al niñito Jesús, así que María lo acomodó en un pesebre, que es el lugar de donde comen los animales. Aunque la Virgen y san José habrían querido darle a Jesús un mejor lugar donde nacer, ellos estaban felices, porque había nacido el Salvador, aquél que venía a abrir las puertas del Cielo. En seguida llegaron los ángeles para cantar y los pastores para adorarle.

Trata de imaginarte ahora que tú estás también ahí, junto al niñito Jesús, a la Virgen y a san José. Ellos necesitan tu ayuda. La Virgen está cansada y tiene mucho frío. ¿Quieres ayudarla? Tienes que ser un pequeño esclavo. ¿Te animas?

Esto te hará muy bien, porque te enseñará que el verdadero hijo de la Virgen, hace todo *para María*. ¿Qué significa hacer todo *para María*? Significa ofrecerle toda nuestra vida y todo lo que hacemos, a ella. Que todo lo que hagamos, sea un regalo para ella. Desde que nos levantamos y rezamos, hasta que nos vamos a dormir, hay un montón de cosas que se pueden transformar en regalos a la Virgen. Sólo tienes que entregárselos y decirle: *soy todo tuyo María*.

El propósito del día de hoy será ofrecer a la Virgen muchas buenas obras y sacrificios, en especial aquellos que más agradan a la Virgen, como el ser obediente con tus padres, generoso con tus cosas, estar siempre alegre y hacer las cosas que más cuestan, como puede ser levantarte rápido por la mañana, comer algo que no te gusta, hacer los deberes de la escuela o estudiar.

Para recordar lo que hoy aprendiste, arma un Pesebre en tu casa, con las imágenes que se usan para Navidad. Hoy para ti es Navidad y tú eres el esclavo de María.

Ahora puedes decir la oración para todos los días:

¡Oh Señora mía! ¡Oh Madre mía! Yo me ofrezco enteramente a ti y en prueba de mi filial afecto te consagro en este día, mis ojos, mis oídos, mi lengua, mi corazón; en una palabra, todo mi ser. Ya que soy todo tuyo, oh Madre de bondad, guárdame y defiéndeme como cosa y posesión tuya. Amén.

San Luis María, ruega por nosotros

DÍA 9
LAS BODAS DE CANÁ
Por María

 a falta muy poco para consagrarte enteramente a la Virgen. Hay que hacer un último esfuerzo.

Un día, Jesús y la Virgen fueron invitados al casamiento de unos amigos. Era una fiesta muy alegre, con cantos y bailes. Pero, de repente, se dieron cuenta de que el vino se había acabado y que los invitados ya no tenían nada para beber. ¡Qué mala y triste noticia! La fiesta se acabaría y todos se tendrían que ir a sus casas tristes.

La Virgen se dio cuenta muy rápido del problema y quiso poner remedio. Llamó, entonces, a Jesús, y le dijo: *"No tienen vino"*. Con estas palabras, la Virgen le estaba pidiendo a Jesús que hiciera un milagro y pusiese solución al problema. La Virgen, entonces, llamó a los sirvientes y les dijo que hicieran todo lo que Jesús les dijera. ¿Y qué dijo Jesús? Dijo que pusieran agua en unas tinajas muy grandes y que las llevaran a los novios. Al sacar el agua de las tinajas, los sirvientes se dieron cuenta de que ya no era agua, sino vino. ¡Milagro! El agua se había transformado en vino. Los novios, los familiares y los invitados estaban muy felices y admirados.

La historia es muy importante, porque nos enseña que para hacer buenas obras tenemos que obedecer a María, o sea, tenemos que hacer todo *por María*. Como la Virgen es nuestra mamá, tenemos que hacer todo como si ella misma nos lo estuviese pidiendo, porque en verdad es así. Si jugamos, que sea porque ella nos lo pide. Si rezamos o vamos a la escuela, que sea porque ella así lo quiere. Hacer todo *por María*, como sus mejores hijos y esclavos, como los sirvientes de las Bodas de Caná.

El propósito de hoy será decirle a la Virgen antes y después de cada cosa que hagas, que lo haces *por ella*. Luego, escribirás en un papel la lista de todas las cosas que haces durante el día, y se lo entregarás a la Virgen diciéndole con tus palabras que todo aquello lo haces *por ella*. Y le dirás también: *soy todo tuyo María*.

Y ahora la oración:

¡Oh Señora mía! ¡Oh Madre mía! Yo me ofrezco enteramente a ti y en prueba de mi filial afecto te consagro en este día, mis ojos, mis oídos, mi lengua, mi corazón; en una palabra, todo mi ser. Ya que soy todo tuyo, oh Madre de bondad, guárdame y defiéndeme como cosa y posesión tuya. Amén.

San Luis María, ruega por nosotros

DÍA 10
AL PIE DE LA CRUZ
Con María

Una de las últimas palabras que Jesús dijo en la cruz, fueron estas: "*Aquí tienes a tu madre*".

Con estas palabras nos dio su mamá a nosotros, para que sea también nuestra mamá. Jesús estaba sufriendo mucho. Sus manos y pies estaban clavados en la cruz. Su cuerpo tenía mucha sangre que salía de las tantas heridas que le habían hecho. Sufría mucho por nosotros, por nuestros pecados.

Aún así, Él no pensaba en sí mismo. Jesús pensaba en nosotros, y nos dio el mejor regalo de todos: *su Madre*.

¿Y qué hacía la Virgen mientras Jesús moría? Ella estaba al pie de la cruz, muy cerquita de Jesús. No hablaba ni se quejaba. Ella sufría mucho, pero en silencio. No daba pataletas ni ponía cara larga. Ella sabía que Jesús moría por todos nosotros, por eso aceptaba tan grande sufrimiento.

Pero esto no era lo único. La Virgen también sufría con Jesús y quería hacer lo mismo que Jesús, salvarnos junto con Él. Unía sus sufrimientos y penas a los de Jesús, de tal modo, que los dos sufrían lo mismo. Eran como un solo corazón y una sola alma. ¡Tanto se amaban, que uno sufría con el otro!

Nosotros tenemos que hacer lo mismo. Tenemos que imitar a la Virgen en todo, como ella hizo con Jesús. Ella es el mejor modelo. Por eso, cada vez que hacemos algo, tenemos que preguntarnos a nosotros mismos: *"¿Cómo lo haría la Virgen?"*. ¿Cómo ayudaría la Virgen en casa? ¿Cómo jugaría? ¿Cómo haría los deberes? ¿Cómo rezaría la Virgen? Acuérdate, todo lo que hagas tiene que ser hecho tal como lo haría la Virgen. Así serás un buen hijo y podrás hacer tu consagración del mejor modo posible.

Cuando obramos así, decimos que todo lo hacemos *con María*. ¿Qué significa, entonces, hacerlo todo *con María*? Significa imitarla en todo.

El propósito de hoy será esforzarte en parecerte a la Virgen en todo lo que hagas. Piensa cómo sería la Virgen a tu edad e imítala en todo. Puedes llevar contigo una estampita de la Virgen durante este día para no olvidarte del propósito.

Para recordar lo que has aprendido hoy, busca unos palitos y arma una cruz. Luego buscarás una imagen de la Virgen y la pondrás al pie de esa cruz.

Repite muchas veces: *soy todo tuyo María.*

Oración para todos los días:

h Señora mía! ¡Oh Madre mía! Yo me ofrezco enteramente a ti y en prueba de mi filial afecto te consagro en este día, mis ojos, mis oídos, mi lengua, mi corazón; en una palabra, todo mi ser. Ya que soy todo tuyo, oh Madre de bondad, guárdame y defiéndeme como cosa y posesión tuya. Amén.

San Luis María, ruega por nosotros

DÍA 11
EL CORAZÓN DE JESÚS

¡Ya falta muy poco para el gran día! Quedan sólo dos días, los cuales son muy importantes. ¿Te acuerdas que la consagración a la Virgen es el camino más fácil para llegar a Jesús? Cuanto más conozcamos y amemos a la Virgen, más y mejor conoceremos y amaremos a Jesús. La Virgen nos lleva muy rápido a Él. Ella es un atajo.

¿Y quién es Jesús? Tú ya lo sabes muy bien: Jesús es el hijo de Dios y el hijo de María. Jesús es hombre y Dios al mismo tiempo. Como hombre tenía hambre y sed, se cansaba y dormía, y también lloraba. Pero como Dios, caminaba sobre las aguas, calmaba las tormentas y hacía ver a los ciegos.

Jesús es Dios y hombre, y descubrimos esta gran verdad cuando miramos su Corazón. Su Corazón es como el nuestro, ¡pero también es el Corazón de Dios! Por eso su Corazón es muy especial, porque es el de un hombre, como nosotros, pero que ama con el amor de Dios. Ahora te contaré una historia que nos revela los sentimientos del Corazón de Jesús.

Había una vez, una monjita muy buena y rezadora. Su nombre era Margarita María. Un día cuando estaba rezando en la capilla, se le apareció Jesús llevando en la mano su Corazón traspasado, con una corona de espinas y fuego, y le dijo a Margarita: *"Este es el corazón que ama mucho a los hombres, pero que sólo recibe a cambio ofensas e ingratitudes"*. Ella lo entendió muy bien. Jesús le mostró con su Corazón que estaba muy triste porque muchas personas se olvidan de Él, cometen pecados y le ofenden. Por eso, desde ese mismo día, Margarita decidió amar mucho a Jesús, para poder así consolarle.

Todos nosotros tenemos que consolar a Jesús, tal como lo hizo la Virgen. ¿Y cómo lo consolamos? Es muy fácil. Sólo tienes que amar por los que no aman, rezar por los que no rezan, hacer sacrificios por los que no hacen sacrificios y portarte bien por los que no se portan bien. De este modo, uniendo tus pequeñas espinas a las del Corazón de Jesús, aliviarás sus dolores.

Como propósito de este día, harás algún sacrificio para consolar a Jesús. Ayuda en casa, comparte tus cosas o deja de hacer algo que te gusta y ofrece una oración por los pobres pecadores que no aman a Jesús y a María.

Ahora rezamos la oración:

Oh Señora mía! ¡Oh Madre mía! Yo me ofrezco enteramente a ti y en prueba de mi filial afecto te consagro en este día, mis ojos, mis oídos, mi lengua, mi corazón; en una palabra, todo mi ser. Ya que soy todo tuyo, oh Madre de bondad, guárdame y defiéndeme como cosa y posesión tuya. Amén.

San Luis María, ruega por nosotros.

DÍA 12
LA EUCARISTÍA

oy es el último día de la preparación. Mañana será la Consagración, que es un día muy, pero muy especial. Hoy, entonces, contaremos la última historia.

En cada Santa Misa, cuando el sacerdote levanta la hostia y el cáliz, y todos estamos de rodillas y suena la campana, Jesús se hace presente, todo entero, real y verdaderamente. Pero, sucedió una vez, que en un pueblito en Italia, llamado Lanciano, había un sacerdote que dudaba de esto y celebraba la Misa sin ganas. Un día cuando levantó la hostia, de repente vio que ya no era más blanca, sino que se había vuelto roja, y el vino se volvió del color de la sangre.

El pan y el vino se habían convertido, como siempre, en el cuerpo y sangre de Jesús, pero esta vez el milagro se había realizado de un modo visible, para que el sacerdote creyera. El sacerdote se asustó y no sabía qué hacer. Luego se puso a llorar de la emoción y agradeció a Dios por ese milagro, por el cual había recuperado la fe en la presencia real de Jesús en la Eucaristía. Lloraba porque había dudado de que en cada Misa el pan se transforma en el cuerpo de Jesús y el vino en su sangre.

¿Por qué Jesús está en la Eucaristía? Jesús está allí para mostrarnos cuánto nos ama. Nos quiere tanto que quiso ser nuestra comida. Quiere que lo comamos, porque Él quiere estar muy unido a nosotros. Nadie nos quiere tanto como Jesús. Él murió por nosotros y luego subió a los Cielos, pero como no quería dejarnos solos, se quedó en la Eucaristía.

Y tú, ¿qué harás por Él? Cuando recibes a Jesús en la Comunión piensa que recibes al mismo que nació en Belén, trabajó en Nazaret, enseñó, curó a los enfermos, hizo milagros por campos y ciudades y murió en la cruz para salvarnos, y resucitó y subió a los Cielos. Ese mismo adorable y gran Señor viene a nuestras almas, entra en nosotros para darnos su gracia, para salvarnos y hacernos santos. Debemos recibirlo llenos de alegría y, en ese momento, estar muy atentos para pensar sólo en Él y hablarle como los mejores amigos.

Ahora que terminas la preparación, y mañana harás tu consagración, tienes que decidirte a ser muy bueno, a ser un gran santo y un excelente hijo de María.

¿Estás listo para tu consagración?

El propósito para este último día será hacer una visita a Jesús, en algún Sagrario que tengas cerca de tu casa. Además escribirás una carta a Jesús, agradeciéndole que se haya hecho comida para ti. Con mucha confianza y amor cuéntale tus cosas, pídele todo lo que quieras, pero por sobre todo pídele que te haga santo y te de la gracia de recibirlo siempre en la santa Comunión con mucho amor.

Como siempre, no te olvides en este último día de decir nuestra frase preferida: *soy todo tuyo María*.

Ahora rezamos la oración:

¡Oh Señora mía! ¡Oh Madre mía! Yo me ofrezco enteramente a ti y en prueba de mi filial afecto te consagro en este día, mis ojos, mis oídos, mi lengua, mi corazón; en una palabra, todo mi ser. Ya que soy todo tuyo, oh Madre de bondad, guárdame y defiéndeme como cosa y posesión tuya. Amén.

San Luis María, ruega por nosotros.

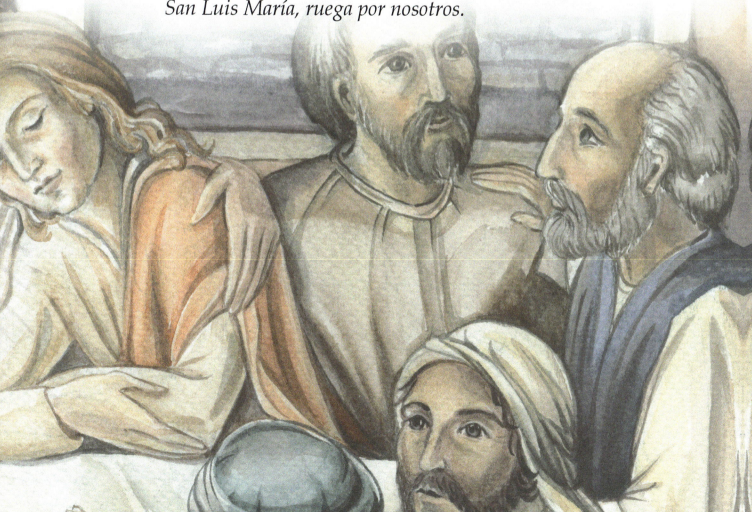

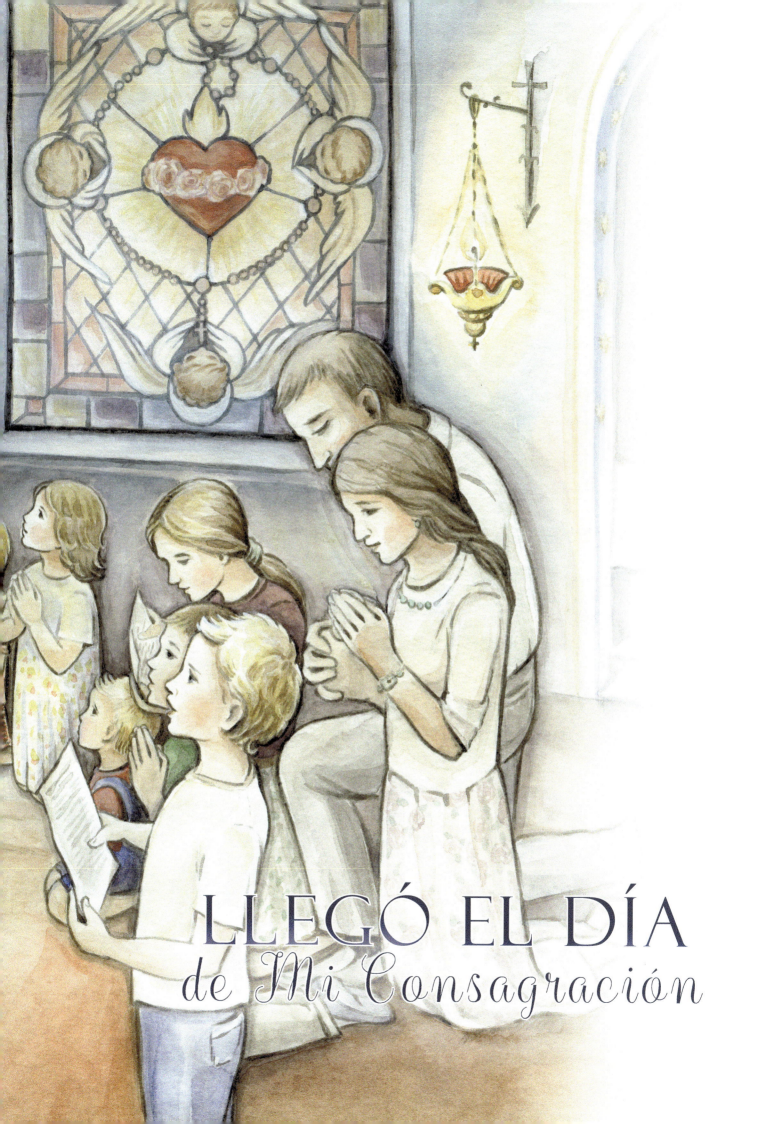

TUYO Y PARA SIEMPRE

¡Felicitaciones! ¡Llegó el día! ¡Hoy harás tu consagración! ¡Desde hoy serás todo de María y estarás listo para hacer todo en, para, por y con María!

Hoy tienes que confiar mucho en María y poner toda tu esperanza en ella, que es tu buena madre y nunca te abandona. Desde hoy serás su esclavo, un excelente hijo de María. Ella cumplirá con su parte. Te protegerá, te guiará y rezará por ti ante Jesús. Tú tienes que cumplir también con la tuya, siendo un hijo bueno y obediente, que hace sacrificios y tiene un gran deseo de amarla con todo el corazón.

Siempre recuerda lo que nos enseñó san Luis María: *"a quien Dios quiere hacer muy santo, lo hace muy devoto de la Virgen María"*.

Hoy irás a Misa y prestarás mucha atención. Si ya hiciste la Primera Comunión, pide al padre confesarte y luego recibe a Jesús en la Eucaristía. Cuando Él esté dentro tuyo, pídele mucho que te cuide y te ayude a ser un buen hijo de la Virgen, tal como lo fue Él.

Luego de la Misa, irás bien cerquita a una imagen de la Virgen y le dirás esta oración o alguna otra similar, con la cual te consagrarás para siempre a ella. Escríbela tú mismo, y pon la fecha de este día tan importante. Luego fírmala con tu nombre.

¡Oh Señora y Madre mía! Cuando tu hijo Jesús murió en la cruz por todos nosotros, te pidió que seas mi madre, que me cuides y me ayudes a ser un gran santo; y allí mismo, me encargó que yo sea un buen hijo para contigo, obediente y sacrificado.

Por eso ahora, después de estos días de preparación, me consagro a ti para siempre, como tu esclavo y buen hijo, para en todo obedecerte y amarte. Renuncio al pecado y a lo malo que hay en mí, y prometo hacer todo en ti, por ti, para ti y contigo.

Todo lo mío es tuyo: mis ojos, mis oídos, mi lengua y todo mi corazón; en una palabra, todo mi ser.

Me entrego completamente a ti y sólo quiero hacer lo que tú quieras que yo haga. Desde hoy, yo soy todo tuyo, María. Soy tu hijo y esclavo.

Amén.

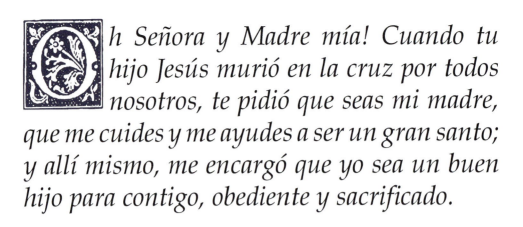

Una vez hecha la oración, puedes llevarle flores a la Virgen o ponerle una velita como regalo, ya que ella te aceptó como hijo y esclavo. Usa una medalla de la Virgen en el cuello y promete rezar todas las noches tres avemarías.

Hoy es un día muy especial. Tienes que festejar y recordarlo toda tu vida. Todos los años harás esta misma preparación y volverás a consagrarte a la Virgen, para que así nunca te olvides que eres todo de María.

¡VIVA LA VIRGEN!

50 ROSAS PARA MARÍA

Sabías que cada cuenta del Rosario es una rosa que le damos a María? A nuestra mamá del Cielo le gusta mucho que le regalemos estas rosas, que son cincuenta avemarías.

Hace mucho tiempo, en España, había un sacerdote muy bueno. Su nombre era Domingo de Guzmán y quería mucho a la Virgen. Pero él estaba muy triste, porque mucha gente donde él vivía, no era católica y decía cosas falsas y malas sobre la Virgen. Por eso, Domingo les pedía que no dijeran tales cosas y les predicaba la verdad. Pero no le hacían caso, y él se dolía cada vez más de que así se ofendiera a su Madre.

Pero un día, mientras pensaba cómo podía convertir a esas almas, la Virgen se le apareció y le dio un Rosario, y le dijo que esa era el arma más poderosa para convertir a los pecadores y acercarlos a Jesús. Luego, María le enseñó a rezar el Rosario y le explicó que al rezarlo, obtenemos de Dios todo lo que pedimos.

Desde aquel entonces, santo Domingo rezó el Rosario todos los días y lo enseñó a rezar a muchísimas personas, y así convirtió a casi toda la gente de aquel lugar.

Luego de muchos años, la Virgen se volvió a aparecer, pero esta vez a los pastorcitos de Fátima, y además de enseñarles a hacer sacrificios, les recordó que ella quiere que recemos el Rosario todos los días, en especial por los pecadores, para que no se vayan al infierno, y por la paz en el mundo. Los pastorcitos se lo tomaron bien en serio, y rezaron el Rosario siempre, y algunos días hasta dos o tres veces.

Otro gran santo a quien también le gustaba mucho rezar el Rosario, era san Juan Pablo II. Él fue un gran Papa y quería a la Virgen muchísimo. Aunque tenía muchas cosas importantes que hacer, rezaba el Rosario todos los días, porque era su oración preferida.

Nosotros también tenemos que rezar el Rosario diariamente, porque aquellos que lo rezan tienen asegurada la entrada al Cielo. Mientras más recemos esta oración, más amaremos a la Virgen María y seremos sus mejores esclavos e hijos.

Tú no te olvides nunca de rezarlo y, sobre todo, rézalo en familia, junto con tus padres, hermanos y amigos.

BENDITA SEA TU PUREZA

Bendita sea tu pureza

y eternamente lo sea,

pues todo un Dios se recrea

en tan graciosa belleza.

A Ti, celestial Princesa,

Virgen Sagrada María,

yo te ofrezco en este día

alma, vida y corazón.

Mírame con compasión,

no me dejes, Madre mía.

Rege, O Maria

AMDG